Beaugard Koukpaki
Martinien Lokonon

Dieu, la religion et l'éducation dans les familles au Bénin

AF376900

Dieu, la religion et l'éducation dans les familles au Bénin

Beaugard Koukpaki
Martinien Lokonon

Éditions Croix du Salut

Imprint
Any brand names and product names mentioned in this book are subject to trademark, brand or patent protection and are trademarks or registered trademarks of their respective holders. The use of brand names, product names, common names, trade names, product descriptions etc. even without a particular marking in this work is in no way to be construed to mean that such names may be regarded as unrestricted in respect of trademark and brand protection legislation and could thus be used by anyone.

Cover image: www.ingimage.com

Publisher:
Éditions Croix du Salut
is a trademark of
Dodo Books Indian Ocean Ltd. and OmniScriptum S.R.L publishing group

120 High Road, East Finchley, London, N2 9ED, United Kingdom
Str. Armeneasca 28/1, office 1, Chisinau MD-2012, Republic of Moldova, Europe
Printed at: see last page
ISBN: 978-620-6-16973-4

Introduction

1- L'humain et son univers
   1-1)   Dieu et la religion
   1-2)   L'homme et la religion
   1-3)   L'homme : entre croyance et la foi

2-   Religions et le monde
   2-1)   L'Africain et la spiritualité
   2-2)   La religion de nos jours
   2-3)   La foi : le moteur d'une vie spirituelle

3-   Le monde religieux face à Dieu
   3-1)   L'éducation selon les principes divins
   3-2)   Perception de la société face à la religion
   3-3)   Religion et insécurité dans le monde.

Conclusion

INTRODUCTION

La relation entre Dieu, la religion et l'éducation joue un rôle crucial dans la société béninoise et africaine en général. Cette relation explore le lien profond entre l'humain et son univers, en examinant les concepts de Dieu et de religion, ainsi que leur impact sur la vie individuelle et collective. Dans cette perspective, l'homme est à la recherche de réponses à ses questions existentielles, cherchant un sens à travers la foi et les croyances religieuses. La religion occupe une place importante dans la vie quotidienne des individus, tant sur le plan personnel que sur le plan communautaire[1]. Elle guide les valeurs, les comportements et les choix de chacun. La religion africaine, en particulier, est étroitement liée à la spiritualité et à la connexion avec les ancêtres. Elle renforce l'identité et la culture de l'africain, contribuant à la préservation des traditions et des coutumes. Aujourd'hui, la religion continue d'évoluer et de s'adapter aux défis du monde moderne, tout en restant ancrée dans les fondements spirituels. Cependant, la relation entre le monde religieux et Dieu est complexe et comporte des questionnements. L'éducation se présente alors comme un moyen d'enseigner les principes divins et les valeurs morales aux nouvelles générations. Le Bénin et l'Afrique dans leur ensemble cherchent à promouvoir une éducation basée sur ces principes, afin de former des individus responsables, conscients de leur

---

[1] Daniel GOGORE, 1997, *Civilisation et Spiritualité en Afrique subsaharienne,* aux Editions du Seuil, Paris, p.231

relation avec Dieu et respectueux de leur environnement. La perception de la société béninoise face à la religion est un aspect important à considérer. La diversité religieuse et la coexistence pacifique des croyances jouent un rôle clé dans la construction d'une société harmonieuse. Toutefois, la religion peut également être utilisée comme un moyen de manipulation ou de justification de l'extrémisme et de l'insécurité, ce qui souligne les défis actuels auxquels la religion est confrontée dans le monde.

Ainsi, cette thématique explore les différentes dimensions de la relation entre Dieu, la religion et l'éducation dans les familles au Bénin, mettant en évidence l'importance de la religion dans la vie des individus, son impact sur la société et les défis auxquels elle fait face.

1- L'humain et son univers

L'être humain a toujours été fasciné par son environnement et par l'univers qui l'entoure[2]. Depuis l'aube de la civilisation, les êtres humains ont cherché à comprendre leur place dans l'univers et leur relation avec les autres êtres vivants qui partagent notre planète[3]. Cette quête de l'homme pour comprendre son environnement a conduit à des avancées significatives dans les sciences diverses telles que la biologie[4], la physique[5], la cosmologie[6], la

---

[2] Ludwing BOLTZMANN, 1909, *Ecrits populaires : Essais sur les atomes, l'énergie et la vie*, Leipzig, Bart, p.13
[3] David John CHALMERS, 1996, *L'esprit conscient : A la recherche d'une théorie fondamentale*, Oxford, presse universitaire d'Oxford, p.8
[4] Science de la vie, étude du vivant.

médecine et bien d'autres domaines encore[7]. Cependant, le hic c'est que malgré toutes ces découvertes et ces progrès, l'être humain reste constamment confronté à ses limites, à son ignorance, à sa vulnérabilité et son incertitude face aux nombreux mystères de l'univers. Il s'avère que l'humain et son univers sont étroitement liés, et cette relation est complexe et multidimensionnelle[8]. Pour comprendre cette relation, il est indispensable d'appréhender, la question de Dieu et la religion afin d'établir le diptyque homme-religion et religion-croyance.

1-1- Dieu et la religion

La question de Dieu et la religion est une thématique complexe qui a suscité de nombreux débats et réflexions tout au long depuis des siècles[9]. Cette relation complexe a façonné la vie humaine, la société et la culture dans le monde entier.

D'entrée de jeu, au cours de l'histoire de l'humanité, les êtres humains ont ressenti le besoin de donner un sens à leur existence et de comprendre le monde qui les entoure. Cela a conduit à l'émergence de nombreuses religions[10] à travers le monde, chacune proposant un cadre de croyances et de pratiques

---

[5] Science qui étudie la nature de la matière, de l'énergie et de leurs interactions.
[6] Science des lois générales par lesquelles l'univers est gouverné. Branche de l'astronomie consistant en l'étude globale de l'univers.
[7] Stephen HAWKING, 1994, *Une brève histoire du temps : les grandes théories du cosmos : du big bang aux tours noirs,* Flammarion, New York, p.17
[8] La question soulève plusieurs enjeux : religieux, scientifiques, culturels, environnementaux et éthiques. Pour ce qui nous concerne le pre9mier point est la cible de notre étude.
[9] John MBITI, 1990, *Religions et philosophies africaines*, Heinemann, p.21
[10] On peut citer le christianisme, l'islam, le bouddhisme, le judaïsme et l'hindouisme et les religions endogènes en Afrique.

spécifiques. Ainsi, lorsqu'il s'agit de la question de Dieu et la religion, il est important de comprendre que les perspectives et les interprétations varient en fonction des croyances individuelles, des traditions culturelles et des contextes historiques.

En effet, les religions sont des systèmes de croyances et de pratiques qui cherchent à donner un sens à l'existence humaine et à établir une connexion avec un pouvoir supérieur, généralement appelé Dieu ou les divinités[11]. Elles se manifestent à travers un ensemble de rituels, de rites, de morales et d'enseignements[12]. Elles peuvent aussi aller des rituels et des prières aux pratiques méditatives et ascétiques. Certaines religions ont également des organisations et des institutions, telles que des églises, des temples ou des mosquées, qui servent de lieux de rassemblement et de culte. Ainsi, Dieu est représenté dans différentes religions de différentes manières. Selon les croyances religieuses, Dieu peut être considéré comme un être suprême tout-puissant, créateur de l'univers, transcendant et inaccessible, ou comme une force impersonnelle imprégnant toute la réalité. Les religions offrent dans ce sens une compréhension du monde, de la moralité et de la vie après la mort[13]. Elles fournissent également un cadre pour guider les comportements humains et les relations sociales, ainsi qu'une source de réconfort spirituel[14].

---

[11] John MBITI, 1990, *Religions et philosophies africaines*, Heinemann, p.23
[12] John MBITI, OP Cit, p.24
[13] Fred LORNE, 1884, *Histoire et religions,* les cahiers d'outre-mer, p.82
[14] Fred LORNE, OP Cit, p.83

En Afrique, il existe une riche tradition philosophique et religieuse qui aborde la question de Dieu et la religion d'une manière unique. Des penseurs africains tels que Kwame N'Nkrumah[15], Leopold Sedar Senghor[16]et John Mbiti[17] ont exploré la relation entre les croyances religieuses traditionnelles africaines et les concepts de divinité. Par exemple, John Mbiti a développé l'idée d'un Dieu vivant et actif dans la vie quotidienne des personnes en Afrique, mettant l'accent sur l'importance des ancêtres et des esprits dans le système de croyances africaines.

En ce qui concerne les auteurs européens, de nombreux philosophes et théologiens ont également abordé la question de Dieu et la religion de différentes manières. Parmi les plus célèbres, on peut citer Søren Kierkegaard[18], Blaise Pascal[19] et Friedrich Nietzsche[20]. Kierkegaard, par exemple, a exploré la question de la foi et de la relation individuelle avec Dieu, en mettant l'accent sur la dimension existentielle de la religion. Pascal, quant à lui, a développé les célèbres "paris" de la raison et de la foi, affirmant que la croyance en Dieu est

---

[15] Né le 21 septembre 1909 à Nkroful alors côte de l'Or (colonie britannique) et actuel Ghana, est mort le 27 avril 1972 à Bucarest fut un homme d'Etat indépendantiste et panafricaniste ghanéen qui dirigea la côte de l'Or britannique de 1954 à 1957, puis le Ghana indépendant, d'abord comme premier ministre de 1957 à 1960, puis en qualité de président de la République de 1960 à 1966.
KWAME N'Nkrumah, 1963, *Je parle de liberté : une déclaration d'idéologie africaine*, in famous speeches from Africa leaders, p.143

[16]Ecrivain et homme politique, sujet colonial puis pleinement citoyen français, premier président de la République du Sénégal après l'indépendance du pays.

[17] Il était un philosophe et écrivain chrétien né au Kenya. Il fut également prête anglican ordonné et est considéré comme ''le père de la théologie africaine moderne''.

[18] Né le 5 mai 1813 et mort le 11 novembre 1855 à Copenhague, fut un théologien philosophe, écrivain et poète danois, dont l'œuvre est considéré comme une première forme d'existentialisme chrétien.

[19] Né le 19 juin 1623 à Clérmont Ferrand en Auvergne est mort le 19 août 1662 à Paris, est un polymathe, inventeur philosophe, moraliste et théologien français.

[20] 1844 -1900, Il fut un philologue, philosophe, poète, pianiste et compositeur allemand.

basée sur des paris rationnels plutôt que sur des preuves objectives[21]. Nietzsche, en revanche, a remis en question l'existence même de Dieu et a critiqué la notion de religion organisée[22]. Ces ouvrages offrent un aperçu des différentes perspectives et analyses sur la question de Dieu et la religion et peuvent constituer une excellente base pour approfondir la réflexion et les discussions autour de ce sujet complexe.

La relation entre Dieu et la religion est un sujet fondamental dans l'histoire humaine. Les religions offrent une vision du divin et de l'existence humaine, tout en guidant les individus dans leur vie quotidienne. Cependant, il est important de reconnaître et de respecter la diversité des croyances religieuses pour favoriser une coexistence pacifique et promouvoir le dialogue interreligieux. La réflexion continue sur la religion et Dieu reste essentielle pour comprendre notre place dans le monde et dans l'univers.

Il ne serait pas intéressant de parler de la relation entre Dieu et la religion en occultant la relation entre l'homme et la religion.

1-2) L'homme et la religion

La relation entre l'homme et la religion remonte à l'aube de l'humanité[23]. Les premières manifestations religieuses remontent à la préhistoire, où l'homme

---

[21]Søren KIERKEGAARD, 1843, *Crainte et tremblement,* Copenhague, p.117
[22] Friedrich NIETZSCHE, 1883, *Ainsi parlait Zarathoustra*, Editions Flammarion, p.245
[23] Michel ROUCHE, 2007, *Les origines du christianisme*, paris, hachette, p.72

primitif vénérait des forces de la nature et des esprits[24]. Au fur et à mesure que les sociétés humaines se développaient, différentes formes de religions ont émergé. Dans les civilisations anciennes, telles que l'Égypte, la Grèce et la Mésopotamie, la religion était intégrée à tous les aspects de la vie[25]. Les dieux et les déesses étaient vénérés et honorés à travers des rituels, des cultes et des offrandes[26]. Les prêtres occupaient une place importante dans la société, agissant comme médiateurs entre les divinités et les humains[27].

Avec l'émergence des grandes religions monothéistes, telles que le judaïsme, le christianisme et l'islam, la relation entre l'homme et la religion a évolué[28]. Ces religions se sont développées autour d'un Dieu unique et ont établi des doctrines et des pratiques spécifiques. La religion est devenue une force puissante dans la société, dictant les normes morales et éthiques, ainsi que les lois et les institutions sociales.

Au cours de l'histoire, la relation entre l'homme et la religion a également été marquée par des conflits et des tensions[29]. Les guerres de religion, les persécutions religieuses et les divisions entre différentes confessions ont souvent entraîné des conflits sanglants. De plus, l'émergence des mouvements

---

[24] Seydou CAMARA, 1996, *La tradition orale en question*, cahiers d'études africaines, p.770
[25] Catherine Coquery VIDROVITCH, 2011, *Petite histoire de l'Afrique*, Cahiers libres, p.86
[26] Catherine Coquery VIDROVITCH, OP Cit, p.144
[27] Catherine Coquery VIDROVITCH, idem
[28] Claude BOURGEOIS, 1993, *Note sur le culte de l'eau en Afrique,* in Bulletin Monumental, p.451
[29] Gérard BUAKASSA, 1977, *Impact de la religion africaine sur l'Afrique d'aujourd'hui : latence et patience,* in colloque du Festival mondial des Arts Négro africaine, p.183

séculiers[30] et la montée du rationalisme ont remis en question l'importance de la religion dans la société[31]. Au XXe siècle, la sécularisation a joué un rôle de plus en plus important dans de nombreux pays occidentaux, entraînant un déclin de l'influence religieuse. Les sociétés modernes sont devenues plus pluralistes et diverses sur le plan religieux, avec un mouvement croissant vers le dialogue interreligieux et la coexistence pacifique.

Aujourd'hui, cette relation entre l'homme et la religion reste complexe et variée. Certaines personnes trouvent leur chemin spirituel et leur épanouissement personnel grâce à la religion, tandis que d'autres se tournent vers des philosophies séculières ou l'athéisme[32]. La liberté de religion et la laïcité sont des questions clés dans de nombreuses sociétés, cherchant à trouver un équilibre entre la liberté individuelle et le bien-être collectif.

Par ailleurs, la religion remplit plusieurs fonctions importantes dans la vie de l'homme. Elle fournit une vision globale de l'existence et offre des réponses aux questions fondamentales sur l'origine de l'univers, la raison de notre existence et le sens de la vie. Elle comble le besoin humain inné de se connecter à quelque chose de plus grand que soi. Elle offre également une voie spirituelle permettant aux individus de trouver un sens à leur existence, de cultiver la spiritualité et d'expérimenter une transcendance. La religion

---

[30] Qui est temporel, laïque, qui vit et appartient aux « siècles » ecclésiastiques
[31] Gérard BUAKASSA, OP Cit, p.188
[32] Pour notifier l'absence de croyance en un ou plusieurs dieux ou divinités. Le mot désigne aussi la doctrine de celui qui ne croit en aucun dieu ou aucune divinité

rassemble les individus au sein d'une communauté de croyants partageant des valeurs et des croyances communes. Ces communautés offrent un soutien social, une entraide et facilitent le développement de liens sociaux forts, renforçant ainsi la cohésion sociale. Aussi, elle fournit un cadre moral et éthique, établissant des principes et des normes de conduite qui guident les comportements individuels et sociaux. Les enseignements et les textes sacrés des religions offrent des prescriptions sur la manière de vivre une vie vertueuse et juste. De mêmes, elle offre un soutien émotionnel et spirituel aux individus confrontés à des difficultés et à des souffrances. La croyance en une force supérieure et en un dessein divin peut apporter du réconfort, de l'espoir et du courage dans les moments de crise. La religion repose souvent sur des rituels et des pratiques religieuses qui rythment la vie des individus et des communautés. Ces rituels, tels que les prières, les cérémonies et les fêtes religieuses, fournissent un cadre pour l'expression de la foi, le renforcement de l'identité religieuse et la célébration des moments importants de la vie.

Toutefois, les relations entre l'homme et la religion ont donné lieu à de nombreux courants de pensées et perspectives différentes dont les plus influents sont le théisme[33], l'agnosticisme[34], l'athéisme[35], le panthéisme[36], le laïcisme[37], le

---

[33] Le théisme est la croyance en l'existence d'un dieu ou de plusieurs dieux, qui jouent un rôle actif dans l'univers et dans les affaires humaines. Les religions abrahamiques telles que le christianisme, l'islam et le judaïsme sont des exemples de courants théistes.

[34] L'agnosticisme est la position qui affirme qu'il est impossible de connaître l'existence ou l'inexistence de dieu. Les agnostiques suspendent leur jugement et soutiennent que la question de l'existence de dieu est intrinsèquement incertaine ou inaccessible à l'esprit humain.

scepticisme religieux[38] et le syncrétisme[39]. A cet effet, il est important de souligner que ces courants et pensées ne sont pas exhaustifs et qu'il existe de nombreuses autres nuances et perspectives sur les relations entre l'homme et la religion. Les individus peuvent également avoir des points de vue personnels uniques qui ne correspondent pas nécessairement à l'un de ces courants.

De cette analyse, comment expliquer alors la dichotomie entre la croyance et la foi dans la vie de l'homme.

1-3)   L'homme : entre croyance et la foi

Selon H. Pasqua, la croyance est définie comme « l'adhésion à une idée, une doctrine ou une vérité sans preuve tangible ou rationnelle. »[40] Elle repose souvent sur des convictions personnelles ou des traditions culturelles. La croyance est souvent dictée par le conditionnement social et familial, ainsi que par des facteurs émotionnels. Elle peut être basée sur des faits, des doctrines religieuses, des superstitions ou même des idéologies politiques. La croyance est aussi le fait d'attribuer une valeur de vérité à une proposition ou un énoncé,

---

[35] L'athéisme est l'absence de croyance en l'existence de dieu. Les athées rejettent l'idée d'un dieu ou d'une divinité et considèrent que les phénomènes religieux sont basés sur des croyances infondées.

[36] Le panthéisme est la croyance que l'univers entier est divin ou que dieu se trouve en toute chose. Cette perspective considère que dieu est présent dans la nature et dans toutes les réalités de l'existence

[37] Le laïcisme est une philosophie qui soutient la séparation des institutions religieuses et de l'État. Il promeut la neutralité de l'État en ce qui concerne les croyances religieuses, garantissant ainsi la liberté de religion pour tous.

[38] Le scepticisme religieux est une approche critique qui remet en question les dogmes et les enseignements religieux, fondée sur le doute et la recherche de preuves rationnelles.

[39] Le syncrétisme est une tendance à fusionner ou à combiner différentes croyances religieuses, traditions ou pratiques, souvent dans le but de créer une nouvelle forme de spiritualité ou de religion.

[40] Hervé PASQUA, 2004, *Qu'est que le christianisme*, collection Epiphanie, p.144

indépendamment des éléments de réalité confirmant ou infirmant cette proposition ou cet énoncé[41]

La foi est une dimension plus profonde et personnelle de la spiritualité humaine[42]. Selon l'épitre de Paul aux Hébreux 11 verset 1, la foi est « une ferme assurance des choses qu'on espère, une démonstration de celle qu'on ne voit pas »[43]. Elle implique donc une conviction intime qui dépasse la simple croyance et qui repose sur une confiance inconditionnelle envers quelque chose de transcendant ou de supérieur, comme Dieu, l'univers ou une puissance divine. La foi est souvent accompagnée d'une expérience intérieure de connexion spirituelle, de confiance et d'espoir. Contrairement à la croyance, la foi est souvent basée sur une expérience personnelle et une recherche de sens plus profonde.

La relation entre la croyance et la foi se situe donc à la frontière entre le rationnel et le spirituel. Alors que la croyance peut être influencée par des facteurs externes et culturels, la foi est souvent un cheminement intérieur et personnel. La croyance peut être remise en question, remaniée ou même abandonnée, tandis que la foi tend à être plus stable et profonde. En outre, la foi est une source de réconfort et de soutien pour l'homme dans les moments difficiles. Face aux épreuves de la vie, la foi permet de trouver la force intérieure nécessaire pour surmonter les obstacles. Croire en un pouvoir supérieur donne à

---

[41] Paul RICOEUR, 1983, *Religions spiritualité et culture*, aux Editions du Seuil, Paris, p.476
[42] Jürgen MOLTMANN, 1988, *la foi des hommes*, les éditions du Cerf, p.419
[43] Louis SECOND, *La Sainte Bible*, édition revue avec références, p.1225

l'homme le sentiment d'être accompagné et soutenu, ce qui lui donne l'assurance et la confiance nécessaires pour faire face aux difficultés de manière positive. La foi joue également un rôle fondamental dans la construction de l'identité personnelle. Elle fait partie intégrante de la culture, des traditions et des valeurs de chaque individu. La religion, en tant qu'expression organisée de la foi, fournit un cadre pour l'éthique et la moralité, guidant ainsi les choix et les actions de l'homme. La foi enracinée dans la religion crée un sentiment d'appartenance à une communauté et favorise la solidarité entre les individus.

La question de la relation entre la croyance et la foi dans la vie de l'homme est un sujet complexe et fascinant qui a suscité de nombreuses réflexions à travers l'histoire. Il est important de noter que la croyance et la foi ne sont pas mutuellement exclusives. En réalité, la croyance peut être le point de départ de la foi, en semant les graines de la recherche spirituelle et de l'expérience intérieure. La foi peut également être renforcée par des croyances partagées au sein d'une communauté religieuse ou spirituelle.

En définitive, la relation entre la croyance et la foi dans la vie de l'homme est un parcours individuel et complexe. Chaque individu développe sa propre perspective en fonction de ses expériences, de sa culture et de ses convictions personnelles. Certains peuvent trouver un équilibre entre la croyance et la foi, tandis que d'autres peuvent être plus enclins à privilégier l'un ou l'autre.

2- La religion dans le monde

Les religions ont évolué en Afrique et dans le monde dans le but de répondre aux questions existentielles telles que l'origine de l'univers, le sens de la vie et la mort. La quête de la vérité crée ainsi une grande diversité de croyances, de pratiques et de traditions à travers le monde. Dans cette deuxième partie, il sera question, de présenter l'africain et la spiritualité, de décrire la religion de nos jours afin d'apprécier la foi comme le moteur d'une vie spirituelle.

2-1- L'africain et la spiritualité

La spiritualité est une force qui guide et protège les individus, les communautés et les nations[44]. Elle est aussi un élément essentiel de la vie quotidienne africaine et considérée comme une source de guidance, de protection et de réconfort puis étroitement liée à la nature et à la communauté[45]. Le concept est ancré dans les traditions, les croyances et les pratiques religieuses des populations africaines.

En Afrique, la spiritualité est souvent considérée comme une source importante de guidance et de guérison. Les croyances et les pratiques spirituelles sont très variées selon les régions et les cultures du continent, mais elles ont toutes en commun de fournir des réponses aux questions existentielles de l'homme. Les pratiques spirituelles en Afrique peuvent inclure la prière, les

---

[44] Ali ZAMIR, 2019, *Dérangé que je suis*, le tripode, p.190
[45] John Spencer TRIMINGHAM, 1990, *l'islam en Afrique de l'ouest*, Presse université oxford, p.12

offrandes, les rituels et les danses sacrificielles. Ces pratiques permettent de se connecter aux forces de l'univers et de renforcer la relation entre le corps, l'âme et l'esprit. De nombreuses personnes en Afrique cherchent également la guidance et le conseil auprès de chefs spirituels, tels que les guérisseurs, les médiums et les prophètes. Ces leaders spirituels ont souvent des dons de clairvoyance et de guérison, et sont considérés comme des messagers divins qui peuvent aider les gens à trouver des solutions à leurs problèmes et à guérir de maladies physiques et psychologiques.

En outre, la spiritualité en Afrique est souvent étroitement liée aux traditions et aux coutumes culturelles. Elle peut donc jouer un rôle important dans la préservation de la culture et de l'identité africaine. Les croyances et les pratiques spirituelles sont souvent transmises de génération en génération et sont une source de connexion et de solidarité entre les membres de la communauté.

Parlant toujours de la spiritualité, elle est une composante essentielle de l'identité africaine. La plupart des cultures africaines ont une forte tradition spirituelle qui influence tous les aspects de la vie et des pratiques culturelles. La spiritualité africaine reconnaît l'existence d'un monde physique et spirituel, où tout est interconnecté et interdépendant. Elle est basée sur la croyance en un dieu suprême et l'existence d'autres divinités, d'esprits et d'ancêtres. Ces êtres spirituels sont considérés comme des sources d'aide et de soutien pour les personnes qui cherchent à comprendre leur place dans le monde. La spiritualité africaine contribue également à renforcer l'identité africaine en promouvant la solidarité communautaire. Les cérémonies spirituelles africaines, telles que les rites d'initiation et les célébrations, rassemblent les familles et les communautés pour exprimer leur gratitude, leur désir d'harmonie et pour honorer leurs ancêtres. Ils fournissent également un espace pour l'échange de connaissances, de traditions et de valeurs culturelles.

La spiritualité a également joué un rôle important dans la lutte contre la colonisation et le racisme dans l'histoire africaine. Elle a aidé les Africains à résister à l'oppression coloniale et à maintenir leur fierté et leur identité culturelle face aux préjugés raciaux. De même, elle a souvent été utilisée pour mobiliser les gens à se lever contre l'oppression coloniale. Les leaders spirituels ont utilisé leurs enseignements pour inspirer le mouvement de libération africain. Par exemple, le pacifiste indien Mahatma Gandhi s'est inspiré de la philosophie de vie de l'hindouisme pour résister à l'oppression coloniale en Afrique du Sud et en Inde[46].

Pour finir, la spiritualité a renforcé la résilience et la confiance des Africains face aux préjugés raciaux. La foi en une force supérieure et l'héritage de croyances ancestrales ont permis aux Africains de maintenir leur dignité et leur fierté face aux attaques sur leur culture et leur histoire. Il en est de même à la

---

[46] Richard PEW 2015, *L'avenir des religions du monde : projections de la croissance démographique 2010-2050*, Presse université oxford, p.256

promotion de l'équité et de la justice en affirmant la dignité et l'humanité de toutes les personnes, y compris celles qui étaient victimes de racisme.

Si la spiritualité occupe une place primordiale pour l'africain, on peut chercher à comprendre l'évolution de la religion dans le monde contemporain.

2-2- La religion de nos jours

La religion a connu une évolution significative dans le monde contemporain. Elle a subi des influences et des changements qui ont considérablement modifié sa pratique traditionnelle et moderne. En effet, l'Afrique est un continent caractérisé par une grande diversité culturelle et religieuse[47]. Les croyances religieuses en Afrique sont un mélange de croyances traditionnelles[48] et de religions importées d'Europe et du Moyen-Orient, principalement le christianisme[49] et l'islam[50]. Toutefois, la pratique religieuse varie considérablement d'un pays à l'autre. Certaines régions sont très religieuses, tandis que d'autres sont plus sécularisées.

---

[47] Christiane FALADY, 1880, *Pluralité des cultures africaines*, Presse université oxford, p.38

[48] Les religions traditionnelles africaines sont toujours pratiquées en Afrique, en particulier dans les zones rurales. Ces religions sont basées sur des croyances animistes et polythéistes, où les esprits jouent un rôle important dans la vie quotidienne. Les religions traditionnelles africaines sont très diverses et varient d'une région à l'autre.

[49] Le christianisme est arrivé en Afrique très tôt, mais c'est au XIXe siècle que les missionnaires européens ont commencé à propager l'Evangile dans toute l'Afrique. Aujourd'hui, le christianisme est devenu la religion majoritaire dans de nombreux pays d'Afrique, en particulier dans les pays d'Afrique de l'Ouest et d'Afrique centrale. Les églises chrétiennes en Afrique sont très diverses, allant des églises traditionnelles aux églises évangéliques et pentecôtistes.

[50] L'islam a également une longue histoire en Afrique, remontant au VIIème siècle. Les Arabes ont commencé à commercer en Afrique et ont introduit l'islam dans certaines régions. L'islam est aujourd'hui la religion majoritaire dans de nombreux pays d'Afrique du Nord, de l'Est et de l'Ouest. Les musulmans en Afrique pratiquent une variété de formes d'islam, allant du sunnisme au chiisme en passant par les confréries soufies.

Les pratiques spirituelles en Afrique sont souvent liées à la nature et à la communauté. Les gens croient que tout est interconnecté et que les forces de la nature ont une influence sur leur vie. Les rituels et les cérémonies sont utilisés pour communiquer avec les esprits et les ancêtres, pour honorer les dieux et pour rétablir l'équilibre dans la communauté[51]. Dans de nombreuses cultures africaines, les ancêtres ont une place importante dans la spiritualité[52]. Les gens croient que leurs ancêtres sont toujours présents et qu'ils peuvent aider ou nuire à leur vie[53]. Les cérémonies sont organisées pour honorer les ancêtres et pour leur demander de l'aide et de la protection. La musique et la danse sont également des éléments importants de la spiritualité en Afrique. Les chants et les danses sont utilisés pour entrer en transe et communiquer avec les esprits. Les tambours sont souvent utilisés pour appeler les esprits et pour marquer le rythme de la musique.

Les religions organisées, comme le christianisme et l'islam, ont également une place importante en Afrique. Cependant, les pratiques spirituelles traditionnelles sont souvent intégrées dans ces religions. Par exemple, de nombreux chrétiens africains pratiquent encore des cérémonies pour honorer leurs ancêtres et pour communiquer avec les esprits. Cette interaction entre les religions extérieures et les traditions africaines a donné lieu à divers résultats et dynamiques.

---

[51] Christiane FALADY, 1880, *Pluralité des cultures africaines*, Presse université oxford, p.35
[52] Daniel GOGORE, 1997, *Civilisation et Spiritualité en Afrique subsaharienne,* aux Editions du Seuil, Paris, p.232
[53] Daniel GOGORE, 1997, OP Cit, p.232

L'une des conséquences de l'arrivée des religions extérieures en Afrique a été la conversion de nombreux Africains à ces nouvelles croyances. Les missionnaires, les commerçants et les conquérants ont répandu le christianisme et l'islam à travers le continent, et de nombreux Africains ont embrassé ces religions, parfois en combinaison avec leurs pratiques traditionnelles. Ce processus de conversion a entraîné une modification des croyances et des rituels, avec des influences religieuses extérieures qui se sont intégrées aux traditions africaines existantes. Un autre aspect de l'influence des religions extérieures sur les traditions africaines réside dans l'impact social et culturel qu'elles ont eu sur les sociétés africaines. L'introduction de nouvelles croyances et pratiques religieuses a souvent conduit à des changements dans les systèmes de valeurs, les structures sociales et les rôles de genre au sein des communautés africaines. Par exemple, l'islam a apporté de nouvelles normes et traditions qui ont influencé la façon dont les Africains se marient, se vêtent et vivent en société.

Cependant, malgré l'influence des religions extérieures, les traditions spirituelles africaines ont également résisté et persisté. L'adaptation et l'incorporation de certaines pratiques religieuses extérieures dans les traditions africaines ont été sélectives, et de nombreux éléments de ces traditions spirituelles traditionnelles ont survécu. Les croyances polythéistes, la vénération des ancêtres, le lien étroit avec la nature et les pratiques rituelles spécifiques à chaque communauté continuent de jouer un rôle central dans la vie spirituelle des Africains.

Une autre dynamique importante à souligner est la synchrétisation, où les religions extérieures et les traditions africaines se sont mélangées pour former de nouvelles formes de spiritualité. Cette fusion des croyances et des pratiques peut se produire de manière spontanée ou par l'intermédiaire de mouvements religieux spécifiques tels que le vaudou en Haïti, le candomblé au Brésil ou le santería[54] à Cuba. Ces mouvements ont combiné des éléments du christianisme, de l'islam et des traditions africaines pour créer des traditions uniques et hybrides. Par exemple, le mouvement Aladura[55], qui est apparu dans les années 1940 au Nigeria, combine les croyances et les pratiques chrétiennes avec des rituels traditionnels africains. Plusieurs centaines d'églises se réclament de la mouvance Aladura qui peuvent être spiritualistes ou pentecôtistes[56].

Abordant toujours la question, la religion de nos jours, est une force culturelle, sociale et politique importante bien que les tendances religieuses varient selon les régions et les pays, dans l'ensemble. D'une part, elle continue d'être un moyen pour les personnes de se connecter à une source de signification

---

[54] Santeria est une religion originaire de Cuba dérivée de la religion yoruba

[55] Aladura est un mouvement religieux chrétien né parmi les Yorubas du Nigeria au lendemain de la Première Guerre mondiale, dans le contexte particulier de la pandémie de grippe espagnole qui affecta le pays en 1918 et dans le cadre plus général de la décolonisation qui conduisit à l'émergence d'un grand nombre d'Églises africaines indépendantes (*African Initiated Churches*) à travers le continent.

[56] Parmi les plus connues figurent: la Société des Chérubins et des Séraphins (Eternal Sacred Order of Cherubim and Seraphim, spiritualiste, 1925); l'Église du Seigneur (Church of the Lord, spiritualiste, 1930); l'Église apostolique du Christ (Christ Apostolic Church, pentecôtiste, 1941) et l'Église du Christianisme Céleste (Celestial Church of Christ, spiritualiste, 1947)

et de transcendance offrant ainsi aux pratiquants une communauté de partage pour s'engager dans des pratiques communes, comme la prière, la méditation et le rituel. En outre, la religion continue d'offrir des codes moraux et des repères pour la manière de vivre. D'autre part, elle continue de jouer un rôle important dans les affaires publiques. Dans de nombreux pays, les leaders religieux exercent une influence considérable sur les politiques publiques et les débats sur les problèmes sociaux. En outre, les religions organisent souvent des institutions de bienfaisance et de développement, fournissant ainsi une aide importante aux communautés défavorisées.

Au total, la religion a été influencée par la mondialisation et la migration, qui ont conduit à une diffusion de la culture et de la religion africaines dans le monde entier. Ainsi, les religions africaines traditionnelles comme le vaudou sont maintenant pratiquées dans de nombreux endroits dans le monde, notamment en Amérique du Nord et en Europe. En outre, de nos jours, la religion est également influencée par les médias sociaux et la technologie, qui ont permis une plus grande accessibilité et une plus grande diffusion des pratiques et des enseignements spirituels africains dans le monde entier. La religion de nos jours reflète un mélange de traditions anciennes et de nouveaux enseignements qui en font une pratique spirituelle dynamique et en constante évolution[57].

Bien que la religion dans le monde contemporain puisse être considérée comme une institution en pleine expansion, la foi quant à elle est une question personnelle et intime.

2-3) La foi : le moteur d'une vie spirituelle

La guérison spirituelle se réfère à la guérison de l'âme, de l'esprit et du corps. Lorsque nous traversons des moments de douleur, de chagrin ou de maladie, nous pouvons nous tourner vers notre spiritualité pour trouver la force de guérison nécessaire pour surmonter ces épreuves. Cela peut se faire à travers la prière, la méditation, la visualisation ou toutes autres pratiques spirituelles qui nous permettent de nous connecter avec notre être intérieur et avec une dimension spirituelle plus vaste. La spiritualité est également une source de guidance.   Elle peut nous donner un sentiment de direction et de clarté sur notre chemin de vie. En nous connectant à notre essence spirituelle, nous pouvons recevoir des signes, des messages ou des intuitions qui nous guident dans nos prises de décisions et nous orientent vers ce qui est le mieux pour notre

---

[57] Le christianisme est pratiqué de nos jours par environ 2,3 milliards de personnes dans le monde, le christianisme est basé sur la vie et les enseignements de Jésus-Christ et peut être divisé en plusieurs branches différentes, telles que le catholicisme, le protestantisme et l'orthodoxie. L'islam est pratiqué par environ 1,8 milliard de personnes, l'islam enseigne la soumission à Allah et est basée sur le Coran et les enseignements de Mohammed. L'hindouisme : l'une des religions les plus anciennes du monde, pratiquée par environ 1,1 milliard de personnes, l'hindouisme est basée sur une variété de textes sacrés et enseigne la réincarnation, le karma et la libération. Le bouddhisme : pratiqué par environ 500 millions de personnes, le bouddhisme enseigne la recherche de la vérité, la méditation et la non-violence. Le judaïsme : pratiqué par environ 14 millions de personnes dans le monde, le judaïsme est basé sur l'histoire et les enseignements des hébreux dans la Bible…Il y a aussi d'autres religions moins connues et des religions traditionnelles pratiquées dans certaines régions du monde.

croissance spirituelle et notre bien-être. Elle nous permet de nous connecter avec l'au-delà, de transcender les limites de notre réalité physique. Cette connexion peut se manifester sous différentes formes, comme les expériences de synchronicité[58], les rêves significatifs, les rencontres avec des âmes décédées ou les moments de transcendance profonde lors de pratiques spirituelles. Ces expériences nous rappellent que nous sommes plus qu'un simple corps physique et qu'il existe une réalité spirituelle au-delà de ce que nos sens peuvent percevoir. La spiritualité peut donc être une source précieuse de guérison, de guidance et de connexion avec l'au-delà. En cultivant notre relation avec le spirituel, nous pouvons trouver un soutien et une compréhension profonde qui nous guident vers une vie plus épanouissante et harmonieuse. Ainsi, la foi est une composante clé de la vie spirituelle, offrant une fondation pour la relation avec Dieu, la persévérance dans la vie spirituelle, et la communauté de croyants. D'aucuns diront qu'elle est le point de départ dans la relation avec Dieu, comme elle crée une base pour la confiance que Dieu est présent et actif dans nos vies.

A cet effet, la foi produit une atmosphère de prière et de méditation dans laquelle nous pouvons nous concentrer sur Dieu. Dans cette logique, la spiritualité peut être une source puissante de guérison, de guidance et de connexion avec le monde au-delà de notre réalité quotidienne. Cela implique de cultiver et d'approfondir sa relation avec une force supérieure, quelle que soit la

---

[58] Pour expliquer la qualité de ce qui est synchronique, de ce qui se passe en même temps, en occurrence simultanée d'au moins deux événements qui ne présentent pas de lien de causalité, mais dont l'association prend un sens pur la personne qui les perçoit.

façon dont on la définisse, que ce soit Dieu, l'univers, l'énergie cosmique ou tout autre concept spirituel.

La foi est un moteur pour l'action spirituelle, servant de réponse aux épreuves et aux adversités de la vie. La persévérance dans la vie spirituelle exige de la foi car elle nous maintient dans la course et nous aide à grandir spirituellement. La foi joue un rôle essentiel en tant que source de motivation dans la vie spirituelle. Elle peut être définie comme la confiance absolue en une force supérieure, en une vérité plus grande que nous-mêmes. Cette conviction profonde et inébranlable nous pousse à persévérer dans notre cheminement spirituel, malgré les obstacles et les défis auxquels nous pouvons être confrontés. La foi nous donne la force de continuer à avancer, même lorsque nous sommes confrontés à des moments de doute, de confusion ou de difficulté. Elle nous aide à nous relever après chaque échec ou chaque déception et à continuer à travailler sur notre croissance spirituelle. Elle nous rappelle que chaque épreuve, chaque défi est une occasion de grandir et de nous rapprocher davantage de la vérité spirituelle.

La foi alimente également notre persévérance en nous donnant une vision plus large. Elle nous permet de voir au-delà des apparences et des situations temporaires, et de nous concentrer sur l'essence profonde de notre vie spirituelle. Elle nous rappelle que chaque pas que nous faisons sur notre chemin est significatif et qu'il contribue à notre développement spirituel. Même les moments de stagnation ou de recul sont des opportunités de réflexion et de réalignement avec notre véritable essence spirituelle.

En cultivant notre foi, nous développons également la capacité de patience. Nous comprenons que le processus de croissance spirituelle est souvent progressif et requiert du temps et de la patience. Elle nous encourage à persévérer, même lorsque les résultats ne sont pas immédiats, car nous croyons en la réalité d'une transformation intérieure qui se produit au fur et à mesure du temps. En fin de compte, la foi est une force qui nous pousse à persévérer dans notre vie spirituelle. Elle nous inspire à continuer à chercher, à grandir et à évoluer sur ce chemin, peu importe les défis et les obstacles qui se présentent. Elle nous donne l'espoir et la motivation nécessaires pour continuer à avancer et à nous épanouir sur le plan spirituel

La foi joue un rôle essentiel en tant que lien communautaire dans la vie spirituelle. En partageant une même croyance et une même vision spirituelle, les individus se rassemblent et forment des communautés de foi. Ces communautés offrent un soutien, une camaraderie et un sentiment d'appartenance qui renforcent la motivation et l'engagement de chacun dans leur vie spirituelle. La foi unit les individus en leur permettant de se connecter et de partager leurs expériences spirituelles. À travers la prière, le culte, les enseignements religieux et les activités communautaires, les membres de la communauté partagent leurs aspirations, leurs luttes et leurs réussites. Ils se soutiennent mutuellement dans leur cheminement spirituel, apportant des conseils, de l'encouragement et de l'inspiration les uns aux autres. La foi en communauté crée également un sentiment de solidarité et de responsabilité, encourageant les individus à persévérer dans leur vie spirituelle. En partageant une même conviction, les membres de la communauté peuvent trouver du soutien et de la force dans les moments difficiles. Ils peuvent se tourner les uns vers les autres pour obtenir de l'aide, des conseils et de l'écoute. La communauté devient une ressource précieuse pour surmonter les doutes, les obstacles et les épreuves rencontrés sur le chemin spirituel. De plus, la foi en communauté offre des possibilités de croissance et d'apprentissage collectifs. Les membres peuvent participer à des cercles d'étude, des discussions théologiques, des retraites spirituelles et d'autres activités qui favorisent l'enrichissement mutuel. Ensemble, ils peuvent approfondir leur compréhension de leur foi, partager leurs connaissances et expériences, et cultiver une sagesse collective.

Enfin, la foi en communauté favorise également le service et l'engagement envers les autres. En partageant une même vision de la spiritualité, les membres sont motivés à agir ensemble pour aider ceux qui sont dans le besoin, pour contribuer à la justice sociale et pour promouvoir la compassion et la solidarité. Ce sens de devoir envers la communauté aide à renforcer la motivation à persévérer dans la vie spirituelle. En somme, la foi en communauté joue un rôle crucial en tant que lien communautaire dans la vie spirituelle. Elle crée un sentiment d'appartenance, de soutien et d'engagement mutuel, renforçant ainsi la motivation des individus à persévérer dans leur cheminement spirituel.

La foi est un élément vital de toute vie spirituelle, fournissant une base pour la relation avec Dieu, la persévérance, et la communauté de croyants. Pour cultiver une vie spirituelle forte, nous avons besoin de la foi présente en nous. Cependant, pour donner un sens à leur foi et approfondir leur relation avec Dieu, de nombreux croyants cherchent des réponses et des pratiques dans la religion organisée.

3- Le monde religieux face à Dieu

La question de la relation entre les croyants et Dieu a toujours été centrale dans les différentes religions de par le monde. Si certaines croyances accordent une place centrale à la communication directe avec le divin, d'autres sont plus rigides ou mystérieuses quant à cette relation. Malgré l'idée courante que la religion puise sa force dans l'existence de Dieu, la place de l'être suprême est souvent l'objet de nombreux débats au sein même des communautés religieuses. Comment comprendre que certaines personnes croient en un Dieu tout puissant alors que d'autres rejettent son existence en bloc ? Quelle est la source de cette tension, de ces conflits qui apparaissent inévitablement dès que l'on évoque la question de la perception personnelle de Dieu ? C'est à ces interrogations que nous allons tenter de répondre en abordant l'éducation selon les principes divins, la perception de la société face à la religion et les problèmes liés à la religion au Bénin et dans le monde.

3-1- L'éducation selon les principes divins

L'éducation est un droit fondamental pour toutes les cultures de notre société[59]. Il est crucial que toutes les cultures aient accès à une éducation de qualité pour leur permettre de s'épanouir et de se développer en tant qu'individus et en tant que communautés[60]. L'éducation est une clé qui permet aux cultures d'avoir une plus grande compréhension et respect pour les autres cultures[61]. L'éducation aide les individus à développer leur estime de soi et leur confiance en eux-mêmes. Elle leur permet d'acquérir des compétences et des connaissances, ce qui leur donne les moyens de réussir dans leur vie personnelle et professionnelle. Cela est particulièrement important dans des sociétés en développement comme le Bénin, où l'éducation peut donner aux populations les compétences et les connaissances nécessaires pour sortir de la pauvreté et bâtir un avenir meilleur.

L'éducation est également importante pour renforcer les liens sociaux et l'inclusion culturelle[62]. Les écoles et autres institutions d'enseignement peuvent servir de site de rencontre pour des personnes issues de cultures différentes et

---

[59] Marvil MALDAGUE, 2001, *Problématique de la crise de l'éducation,* Université Laval, p.183
[60] Guy DYOTTE, 1991, *l'éducation à l'ère de la mondialisation, Editions* du Trécarré, p.132
[61] Parfait HOUGNI, 2005 *la culture et les paradigmes de l'éducation en Afrique*, présence africaine, p.87
[62] Parfait HOUGNI, 2005 *la culture et les paradigmes de l'éducation en Afrique*, Editions Présence africaine, p.87

offrent une occasion de les relier à un niveau profond, en leur permettant de se connaître et de comprendre les autres cultures. Cela conduit à un environnement plus harmonieux et plus enrichissant, où chacun peut partager son point de vue et contribuer à la diversité culturelle. Enfin, l'éducation peut aider les cultures à conserver leur patrimoine culturel et linguistique. Les programmes éducatifs peuvent inclure des cours sur la culture, les traditions et les langues locales, ce qui permet aux cultures de transmettre leurs connaissances et leur histoire aux générations futures. En somme, l'éducation est essentielle pour le développement des cultures et la promotion d'une société juste et inclusive. Elle peut permettre aux cultures de se connecter, de comprendre et de respecter les autres cultures, tout en conservant leur propre patrimoine culturel et linguistique. Il est donc crucial que toutes les cultures aient un accès égal à une éducation de qualité. Les principes divins jouent un rôle crucial pour guider l'éducation, car ils offrent une base solide et impartiale pour le développement holistique des individus.

L'éducation basée sur les principes divins aide les individus à comprendre leur but dans la vie, à cultiver des valeurs morales et éthiques, à développer leur plein potentiel et à contribuer positivement à la société[63]. Tout d'abord, ils fournissent une orientation claire pour comprendre le but ultime de l'éducation. Ils rappellent que l'éducation ne se limite pas uniquement à

---

[63] Carel Joujou, 1993, *Education et la culture,* Editions Présence Africaine, Paris, pp 33-36.

l'acquisition des connaissances académiques, mais vise également le développement spirituel, émotionnel et social des individus. En intégrant ces principes, l'éducation devient plus significative, en aidant les individus à se connecter à leur essence profonde, à développer leur relation avec le divin et à trouver un sens plus profond dans leur vie. De plus, les principes divins aident à cultiver des valeurs morales et éthiques solides chez les individus. Ils fournissent un cadre pour l'apprentissage et la pratique de qualités telles que l'amour, la compassion, la patience, l'honnêteté, la justice et la responsabilité. Ces valeurs universelles sont essentielles pour guider les choix, les comportements et les actions des individus dans leur vie personnelle et professionnelle. Au Bénin, plusieurs initiatives ont été mises en place pour promouvoir une éducation basée sur les principes divins. A titre illustratif, le Groupe Biblique des Elèves et Etudiants du Bénin (GBEEB) basée au Bénin encourage une éducation basée sur les principes divins chez les étudiants et les élèves. Le GBEEB organise des ateliers, des conférences et des retraites spirituelles visant à développer les valeurs morales, la compassion, l'intégrité et le sens des responsabilités chez les jeunes.

L'éducation basée sur les principes divins permet de former des individus intègres et responsables, qui contribuent à une société plus harmonieuse et éthique. Elle encourage le développement du plein potentiel des individus. Elle reconnaît que chaque individu possède des dons et des talents uniques, et que leur véritable épanouissement se trouve dans la réalisation de leur potentiel. L'éducation basée sur les principes divins encourage les individus à explorer leurs intérêts, à développer leurs compétences et à trouver leur vocation. Elle inspire également à être créatif, à développer la pensée critique et à cultiver une curiosité intellectuelle. Ainsi, l'éducation guidée par les principes divins permet de former des individus épanouis, capables de contribuer de manière significative à la société. Enfin, les principes divins créent une base équilibrée pour l'éducation, en intégrant la spiritualité avec les connaissances académiques. Ils reconnaissent que l'apprentissage ne se limite pas à la dimension intellectuelle, mais englobe également les dimensions émotionnelle, physique et spirituelle. En intégrant la spiritualité dans l'éducation, les principes divins aident à cultiver une perspective plus large de la réalité, à éveiller la curiosité spirituelle et à encourager la recherche de vérité. Certaines écoles en Afrique, y compris au Bénin, mettent l'accent sur l'inculcation des valeurs traditionnelles africaines aux enfants et aux jeunes. Ces écoles intègrent les enseignements sur la solidarité, le respect, l'honnêteté, la justice et le respect de la nature dans leur programme. Elles encouragent également les pratiques religieuses et spirituelles africaines dans le cadre de l'éducation. Au Bénin, les écoles confessionnelles, qu'elles soient catholiques, protestantes ou musulmanes, jouent un rôle important dans la promotion d'une éducation basée sur les principes divins. Ces écoles intègrent les enseignements religieux et moral dans leur curriculum et encouragent les valeurs spirituelles chez les étudiants. Elles promeuvent également le respect interreligieux et la tolérance en créant des espaces de dialogue interreligieux.

Les principes divins sont donc d'une importance capitale pour guider l'éducation. Ils offrent une orientation pour l'épanouissement global des individus, en cultivant des valeurs morales et éthiques, en encourageant le développement du potentiel individuel et en intégrant la spiritualité dans l'apprentissage. L'éducation basée sur les principes divins est essentielle pour former des individus équilibrés, responsables et engagés, prêts à contribuer de manière positive à la société. L'importance des principes divins dans l'éducation ne peut être sous-estimée, car ils jouent un rôle essentiel dans le développement global des individus.

L'un des aspects clés des principes divins est l'importance de la foi dans la vie quotidienne. La foi en un pouvoir supérieur permet aux individus de se connecter avec le divin, de puiser dans une source d'amour et de guidance, et de trouver le réconfort et la force nécessaire pour traverser les défis de la vie.[64] En intégrant la foi dans l'éducation, les principes divins aident à donner un sens plus profond à l'apprentissage. Ils encouragent les individus à voir au-delà de la simple acquisition de connaissances et à développer une relation personnelle avec Dieu. Cette relation peut être nourrie à travers la prière, la méditation et la réflexion, facilitant ainsi un développement spirituel harmonieux. En

---

[64]Jürgen MOLTMANN, 1988, *la foi des hommes*, les éditions du Cerf, p.419

République du Bénin, les principes divins mettent également l'accent sur le développement de qualités morales et spirituelles. Ils reconnaissent que l'éducation ne vise pas seulement à former des individus compétents sur le plan académique, mais aussi à cultiver des valeurs morales telles que l'amour, la compassion, la générosité, l'intégrité et la tolérance. Ces qualités sont considérées comme essentielles pour établir des relations saines et harmonieuses avec les autres, pour promouvoir la justice sociale et pour opérer des choix éthiques dans la vie quotidienne.

L'éducation basée sur les principes divins nourrit également le sens du service envers Dieu et les autres. Elle souligne l'importance de l'altruisme[65], de l'empathie[66] et de la compassion envers les plus démunis et les plus vulnérables. Ainsi dans les familles en République du Bénin, les individus sont encouragés à utiliser leurs connaissances, leurs compétences et leurs ressources pour servir les besoins de la société et pour contribuer à un monde meilleur. Cette perspective donne un objectif plus profond à l'éducation, en invitant les individus à utiliser leurs talents et leurs capacités pour servir Dieu et l'humanité. En mettant l'accent sur la foi, le développement des qualités morales et spirituelles, ainsi que le service. L'éducation basée sur les principes divins offre une vision intégrée de la

---

[65] Le mot altruisme et l'adjectif altruiste s'appliquent aujourd'hui à un comportement caractérisé à s'intéresser et à se dévouer à autrui, ne procurant pas d'avantages apparents et immédiats à l'individu qui les exécute mais qui sont bénéfiques à d'autres individus et peuvent favoriser surtout à long terme un vivre-ensemble et une reconnaissance mutuelle au sein du groupe où il est présent, bien que l'altruisme brut soit néanmoins un acte ne demandant rien en retour

[66] La reconnaissance et la compréhension des sentiments et des émotions d'un autre individu

vie et de l'apprentissage. Elle enseigne aux individus à considérer leur éducation comme un instrument pour se rapprocher de Dieu, pour grandir spirituellement et pour engager leur vie en accord avec des valeurs élevées. Cette approche holistique de l'éducation contribue à former des individus plus équilibrés, conscients de leur responsabilité envers eux-mêmes et envers les autres, et engagés à contribuer positivement à la société. Les principes divins de l'éducation soulignent l'importance de la foi dans la vie quotidienne, le développement de qualités morales et spirituelles, et le service envers Dieu et les autres. En intégrant ces principes dans l'éducation, nous formons des individus qui développent leur spiritualité, cultivent des valeurs éthiques et morales, et utilisent leur éducation pour servir un objectif plus élevé. Cette approche holistique de l'éducation aide à créer une société plus équilibrée, plus aimante et plus juste. Les pratiques d'éducation basées sur les principes divins s'appuient sur des approches pédagogiques qui favorisent le développement global des individus. Elles visent à nourrir leur esprit, à renforcer leur caractère moral et à encourager leur engagement intellectuel. Trois aspects clés de ces pratiques au Bénin sont l'éducation par l'exemple, l'enseignement des valeurs morales et éthiques fondamentales, ainsi que l'encouragement de la curiosité et de la pensée critique.

En effet, l'éducation occupe une place centrale dans les pratiques d'éducation basées sur les principes divins. Les enseignants et les éducateurs sont perçus comme des modèles de comportement moral et spirituel. Ils sont appelés à incarner les valeurs qu'ils souhaitent transmettre aux étudiants. Par leurs actes et leurs paroles, ils inspirent les élèves à adopter des comportements vertueux et à cultiver des qualités nobles telles que l'honnêteté, la générosité et la tolérance. L'éducation par l'exemple permet aux élèves de voir concrètement comment appliquer les principes divins dans leur vie quotidienne. Ensuite, l'enseignement des valeurs morales et éthiques fondamentales est une composante essentielle des pratiques d'éducation basées sur les principes divins. Les éducateurs insistent sur des valeurs universelles telles que le respect, la compassion, la justice et l'égalité. Ils explorent les enseignements religieux et spirituels qui soutiennent ces valeurs et encouragent les étudiants à les intégrer dans leurs vies. L'objectif est d'aider les élèves à développer un sens de responsabilité envers eux-mêmes, les autres et la communauté dans laquelle ils vivent. Enfin, les pratiques d'éducation basées sur les principes divins encouragent la curiosité et la pensée critique chez les élèves. Elles n'encouragent pas une acceptation aveugle des dogmes et des croyances, mais invitent plutôt à une exploration personnelle et réfléchie de la vérité. Les étudiants sont encouragés à poser des questions, à remettre en question leurs propres croyances et à explorer différentes perspectives. L'objectif est de développer une compréhension plus profonde de soi-même, des autres et du monde qui les entoure. La pensée critique est considérée comme un outil crucial pour discerner la vérité et prendre des décisions éclairées.

En intégrant ces pratiques d'éducation basées sur les principes divins, les éducateurs au Bénin créent un environnement éducatif qui encourage le développement holistique des élèves. Ces pratiques favorisent la croissance spirituelle, cultivent des valeurs éthiques et morales, et stimulent la curiosité et la pensée critique. Elles préparent les individus à devenir des acteurs engagés et responsables de la société, capables de prendre des décisions éclairées et d'agir avec compassion et intégrité. En conclusion, les pratiques d'éducation basées sur les principes divins s'appuient sur des approches pédagogiques qui mettent l'accent sur l'éducation par l'exemple, l'enseignement des valeurs morales et éthiques fondamentales, ainsi que sur l'encouragement de la curiosité et de la pensée critique. Ces pratiques visent à développer les compétences académiques et la personnalité des élèves tout en les guidant vers une compréhension plus profonde de la vie et de leur place dans le monde. L'éducation basée sur les principes divins offre de nombreux avantages aux individus et aux communautés.

D'abord, elle adopte une perspective holistique de la vie. Elle reconnaît que les individus sont composés de plusieurs dimensions physiques, intellectuelles, émotionnelles et spirituelles et que toutes ces dimensions doivent être équilibrées et nourries. En intégrant des enseignements spirituels et religieux dans le processus éducatif, elle permet aux individus de développer leur plein potentiel en prenant en compte toutes ces dimensions. Cela encourage une croissance personnelle et spirituelle, aidant les élèves à se connecter avec leur essence profonde et à trouver un sens et une orientation dans leur vie.

Ensuite, l'éducation basée sur les principes divins offre une base solide pour faire face aux défis de la vie. Les principes et les valeurs morales enseignés dans ce cadre fournissent un guide pour les décisions et les comportements des individus. Ils renforcent les caractères moraux, tels que l'intégrité, le respect et la compassion, qui aident à résister aux tentations négatives et à prendre des décisions éclairées. L'éducation basée sur les principes divins offre également un soutien émotionnel et spirituel pour faire face aux difficultés de la vie, en renforçant la résilience et en encourageant les individus à maintenir l'espoir et à persévérer dans les moments difficiles.

Enfin, l'éducation basée sur les principes divins crée une communauté d'apprentissage soutenue par des principes communs. En incorporant des enseignements religieux et spirituels, elle encourage la création d'une communauté éducative partageant des valeurs et des principes communs. Cela favorise un sentiment d'appartenance et de solidarité, où les élèves se sentent soutenus et compris. Les principes divins servent de fondement commun pour les interactions et les relations entre les membres de la communauté éducative, favorisant l'harmonie, le respect mutuel et la collaboration. En intégrant ces avantages dans l'éducation, les pratiques basées sur les principes divins offrent aux individus une approche holistique de la vie, une base solide pour faire face aux défis et une communauté d'apprentissage engagée soutenue par des principes communs. Ces avantages contribuent à la formation de personnes équilibrées, moralement engagées et connectées spirituellement, capables de naviguer dans la complexité de la vie avec sagesse, compassion et un sens profond de l'appartenance à une communauté plus large. Ces exemples illustrent l'importance accordée à une éducation basée sur les principes divins en Afrique et au Bénin. Ils mettent en évidence l'effort déployé pour intégrer les valeurs morales, éthiques et spirituelles dans le système éducatif, contribuant ainsi à former une génération de leaders conscients, responsables et guidés par des principes divins

Cependant, malgré l'importance accordée   à l'éducation selon les principes divins, la société a vu émerger une certaine méfiance envers la religion et sa place dans la vie quotidienne.

3-2- Perception de la société face à la religion

La notion de religion a toujours été présente dans la société influençant les croyances, les valeurs et les comportements des individus. Cependant, au fil du temps, la perception de la religion dans la société a connu des changements majeurs, allant de l'acceptation inconditionnelle à la méfiance voire au rejet total. Aujourd'hui, la question de la place de la religion dans la sphère publique suscite de nombreux débats et controverses, notamment en ce qui concerne le lien entre religion et politique, la laïcité ou encore la coexistence de différentes croyances au sein d'une même société. A cet effet, la perception de la religion dans la société béninoise est profondément influencée par des facteurs socio-culturels. Parmi ces facteurs, on peut notamment souligner l'influence de la culture locale, le poids de l'histoire et le rôle des médias.

Tout d'abord, la culture locale joue un rôle crucial dans la perception de la religion au Bénin. Les traditions, les normes sociales et les valeurs culturelles d'une société particulière façonnent la façon dont la religion est vécue et perçue. Par exemple, dans certaines régions du Bénin, la religion peut occuper une place centrale dans la vie quotidienne, tandis que dans d'autres, elle peut être reléguée à un rôle plus marginal. La culture locale peut également influencer les croyances et les pratiques religieuses spécifiques, ainsi que la tolérance ou l'intolérance envers les différentes religions.

Le poids de l'histoire est un autre facteur déterminant dans la perception de la religion au Bénin. Les événements historiques, les conflits religieux passés et les héritages religieux laissés par les siècles précédents ont un impact significatif sur la façon dont les béninois perçoivent la religion. Par exemple, les traumatismes causés par des guerres de religion peuvent avoir des répercussions durables sur la confiance et la tolérance envers les groupes religieux. De même, certaines traditions religieuses peuvent être ancrées dans l'identité nationale, ce qui influe sur la manière dont elles sont perçues et célébrées.

Enfin, le rôle des médias est très important dans la perception de la religion en République du Bénin. Les médias ont le pouvoir d'influencer les opinions publiques et de façonner l'image des différentes religions. Les médias peuvent présenter une vision équilibrée et informative de la religion, mais ils peuvent aussi propager des stéréotypes et des préjugés. Les médias ont une responsabilité de délivrer une couverture objective et respectueuse de la diversité religieuse, afin de favoriser une meilleure compréhension entre les différentes communautés religieuses.

Au total, les facteurs socioculturels tels que l'influence de la culture locale, le poids de l'histoire et le rôle des médias jouent un rôle majeur dans la perception de la religion dans la société béninoise. Comprendre ces facteurs permet de mieux appréhender la diversité des visions religieuses et de promouvoir un dialogue interreligieux respectueux. Il est essentiel de favoriser une perception éclairée et équilibrée de la religion au Bénin, afin de construire des sociétés inclusives et pacifiques. Cette perception de la religion dans la société béninoise a évolué au fil des siècles et varie selon les contextes culturels et géographiques.

Aujourd'hui, certaines tendances marquent cette perception, notamment le renouveau religieux, la montée de l'athéisme, ainsi que les préjugés et les stéréotypes associés à la religion. Tout d'abord, il est important de noter le renouveau religieux observé dans de nombreuses régions du Bénin et en

Afrique. Alors que certains pensaient autrefois que la religion diminuerait avec l'avancée de la modernité et de la science, on constate plutôt une résurgence de la religiosité. Les individus recherchent souvent un sens plus profond et une connexion spirituelle dans une société où la sécularisation est prédominante. Le renouveau religieux peut être observé dans la vitalité des pratiques religieuses, la quête de spiritualité individuelle ou encore l'émergence de nouvelles formes d'expression religieuse.

Cependant, en parallèle de ce renouveau religieux, on observe une montée de l'athéisme et de la sécularisation. De plus en plus de personnes remettent en question les dogmes religieux traditionnels et choisissent de ne pas suivre une religion spécifique. L'athéisme est devenu plus visible et plus revendiqué dans certains pays, notamment dans les sociétés occidentales, où la séparation de l'Église et de l'État est plus prononcée. Les raisons de cette montée de l'athéisme peuvent être multiples, allant de la réduction de l'influence religieuse dans la vie quotidienne à la remise en question des enseignements et des pratiques religieuses.

Il est également essentiel de souligner les préjugés et les stéréotypes souvent associés à la religion. Certaines croyances religieuses au Bénin sont souvent mal comprises ou caricaturées, ce qui peut conduire à des discriminations et des conflits interreligieux. Les préjugés peuvent être alimentés par l'ignorance, les médias, l'histoire ou la politique. La perception de la religion dans la société béninoise peut avoir des conséquences significatives, parmi lesquelles on peut souligner la discrimination religieuse, les conflits interreligieux et l'impact sur la vie politique.

Dans un premier temps, la perception de la religion peut conduire à la discrimination religieuse. Lorsque certaines religions sont stigmatisées ou considérées comme inférieures, les individus appartenant à ces communautés peuvent faire l'objet de discriminations dans tous les aspects de leur vie, que ce soit sur le plan social, économique ou professionnel. Cela peut entraîner des inégalités flagrantes et limiter les possibilités d'épanouissement des individus liées à leur religion.

Ensuite, les différences de perception de la religion peuvent alimenter les conflits interreligieux. Lorsque les croyances et les pratiques religieuses sont perçues de manière antagoniste, cela peut générer des tensions, des préjugés et même des violences entre les différentes communautés religieuses. Les conflits interreligieux ont le potentiel de déchirer une société, de causer des pertes humaines et de détruire les liens sociaux, créant ainsi un cercle vicieux de méfiance et de violences.

Enfin, la perception de la religion peut avoir un impact significatif sur la vie politique. Dans de nombreuses régions du Bénin , la religion joue un rôle politique important, influençant les orientations politiques, la prise de décisions et les politiques gouvernementales. La perception de la religion peut donc façonner les choix électoraux, les politiques publiques et les relations internationales. Cependant, lorsque cette influence devient excessive ou exclusive, cela peut conduire à des discriminations religieuses, une perte de laïcité et une polarisation politique basée sur les croyances religieuses. Il est indéniable que les conflits et les tensions religieuses contribuent à l'insécurité qui règne actuellement dans le monde.

3-3- Religion et insécurité dans le monde

La religion a longtemps été utilisée comme une source de guidance spirituelle, de paix et de valeurs morales pour de nombreuses personnes à travers le monde[67]. Cependant, il est aussi important de reconnaître que certaines personnes ont instrumentalisé la religion pour justifier la violence. Cela peut prendre la forme d'une manipulation délibérée pour légitimer des actes de violence ou de la propagation de discours de haine et de théories du complot via les réseaux sociaux.

Premièrement, il est essentiel de rappeler que toutes les religions prônent des valeurs telles que la paix, la tolérance, la compassion et le respect mutuel. La grande majorité des pratiquants religieux cherchent à vivre leur foi de manière pacifique et à promouvoir des valeurs positives au sein de leurs communautés. Cependant, il arrive que certains individus ou groupes déforment les enseignements religieux pour justifier leurs actes violents. Ce phénomène est

---

[67] John MBITI, 1990, *Religions et philosophies africaines*, Heinemann, p.67

particulièrement visible dans le cas de groupes extrémistes qui manipulent la religion pour justifier des actes terroristes. Par exemple, des organisations telles que l'État islamique (EI) ou Al-Qaïda prétendent agir au nom de l'islam, mais leurs actions violentes sont en contradiction avec les principes fondamentaux de cette religion. Il en va de même pour d'autres groupes extrémistes dans différentes religions, qui se réclament de la foi pour justifier des violences inacceptables. La manipulation de la religion pour justifier la violence ne se limite pas seulement aux groupes extrémistes.

Parfois, des individus isolés utilisent des interprétations déformées de leur religion pour commettre des actes violents. Par exemple, des attaques de suprématistes blancs ont été commises au nom du christianisme, alors même que les enseignements chrétiens mettent l'accent sur l'amour et le respect envers autrui. En outre, la propagation des discours de haine et des théories du complot sur les réseaux sociaux a permis à ces idées de voyager rapidement et de toucher un public plus large. Les plateformes en ligne fournissent un espace où ces idées peuvent être partagées, amplifiées et trouvent un écho auprès de personnes vulnérables ou influençables. Cela a rendu plus urgent le besoin de lutter contre la désinformation et la propagande extrémiste en ligne. Des exemples abondent montrant comment la religion a été instrumentalisée pour justifier la violence, comme les attentats terroristes perpétrés au nom de différentes religions à travers le monde. Ces actes ne reflètent pas les enseignements fondamentaux des religions, mais sont une perversion de leur véritable essence.

Par ailleurs, les conflits religieux ont marqué l'histoire de l'humanité, et ils continuent d'avoir un impact significatif sur de nombreuses sociétés à travers le monde. Ces conflits peuvent prendre différentes formes, allant des tensions entre différentes religions jusqu'aux luttes internes au sein d'une même foi. Dans tous les cas, les conséquences de ces conflits religieux sont souvent dévastatrices sur le plan humain, social et politique. Ces conflits entre religions sont notamment visibles dans certains moments historiques clés. Par exemple, les croisades au Moyen Âge ont été des conflits majeurs entre les chrétiens et les musulmans dans le cadre de la reconquête de Jérusalem[68]. Ces conflits ont engendré des souffrances incalculables et ont cristallisé les tensions religieuses en Europe et au Moyen-Orient. Plus récemment, nous pouvons observer les conflits en cours entre les différentes branches de l'islam. Les tensions entre sunnites et chiites se sont intensifiées dans certaines régions, notamment au Moyen-Orient. Ces conflits ont des origines historiques, politiques et religieuses, et ont eu des conséquences dévastatrices sur les populations civiles. Des pays comme l'Irak, la Syrie et le Yémen ont été le théâtre de violences et de guerres liées à ces divergences religieuses.

---

[68] Gerome LECAIRE, 1997, *Les Grandes religions dans le monde : impacts et enjeux,* Paris, Seuil, p.61

Les conflits intra-religieux sont également présents au sein de différentes croyances, y compris dans l'islam. Les différentes interprétations et les divergences théologiques peuvent entraîner des tensions et des violences au sein même de la communauté musulmane. Par exemple, les divisions entre les salafistes[69] et les soufis ont alimenté des tensions dans certains pays, souvent exacerbées par des facteurs politiques et socio-économiques. Les conséquences des conflits religieux sont multiples et s'étendent bien au-delà de la sphère religieuse.

Sur le plan humain, ces conflits entraînent souvent des pertes de vies innocentes, des déplacements massifs de populations et des atteintes aux droits de l'homme. Sur le plan social, ces conflits peuvent fracturer les sociétés et créer des divisions profondes entre les différentes communautés religieuses, favorisant la méfiance, la discrimination et la stigmatisation. Les conséquences politiques des conflits religieux sont également significatives. Ils peuvent déstabiliser les régimes politiques en place, provoquer des tensions géopolitiques, comme des ingérences étrangères, et créer des environnements propices à l'émergence de mouvements extrémistes et terroristes. Il est important de souligner que les conflits religieux ne sont pas inhérents aux religions elles-mêmes, mais sont souvent le résultat de facteurs complexes tels que l'histoire, la politique, les enjeux territoriaux et socio-économiques. Il est

---

[69] Le salafisme est un mouvement religieux de l'islam sunnite, revendiquant un retour aux pratiques en vigueur dans la communauté musulmane à l'époque du prophète Mahomet et de ses premiers disciples connus comme les « pieux ancêtres » et la « rééducation morale » de la communauté musulmane.

crucial de promouvoir le dialogue interreligieux, la tolérance, le respect mutuel et la coopération afin de surmonter ces tensions religieuses et de promouvoir la paix. L'éducation joue également un rôle clé en favorisant la compréhension et la coexistence harmonieuse entre les différentes religions. Seule une approche globale et inclusive pourra favoriser la coexistence pacifique entre les différentes religions et prévenir de futures tensions et violences. Les communautés religieuses ont toujours été des acteurs clés dans la promotion de la sécurité et de la paix. Leur mobilisation dans la lutte contre la violence est une contribution précieuse à la construction de sociétés plus harmonieuses. Les exemples d'initiatives existent[70] et sont légion. En ce qui concerne les initiatives de dialogue interreligieux, de nombreux exemples inspirants existent également[71]. En ce qui concerne les initiatives de méditation religieuse dans les conflits, il existe également des exemples concrets[72]. Ces initiatives

---

[70] En Indonésie, le mouvement Nahdlatul Ulama (NU), une organisation musulmane, a lancé une campagne appelée « Islam Nusantara ». Cette campagne vise à promouvoir un islam modéré, tolérant et pacifique, et à contrer l'influence des mouvements radicaux. Le NU encourage les musulmans à s'engager activement dans la prévention de la violence et à promouvoir la coexistence interreligieuse. Au Nigeria, des leaders religieux chrétiens et musulmans se sont unis pour former le « Réseau des Religions pour la Paix » (RRP). Ce réseau travaille à la construction de ponts entre les communautés religieuses et à la prévention des conflits interreligieux. Ils organisent des dialogues, des ateliers et des programmes éducatifs, visant à promouvoir la compréhension et la tolérance entre les différentes religions. En Colombie, après des années de conflit armé, des leaders catholiques, protestants et indigènes ont travaillé ensemble pour initier des processus de réconciliation et de reconstruction. Ils se sont engagés dans des initiatives de dialogue interreligieux, de réflexion théologique commune et de travail communautaire pour promouvoir la paix et la coexistence.

[71] La Fondation Mosaïque de la Paix, basée en Belgique, réunit des représentants de différentes religions pour promouvoir le dialogue, la compréhension mutuelle et la coopération. Ils organisent des rencontres interreligieuses, des conférences et des projets collaboratifs, avec un accent particulier sur les jeunes pour construire une culture de paix et de respect. Le « Buddhist-Christian-Muslim Dialogue » est un programme interreligieux initié par des bouddhistes, des chrétiens et des musulmans en Thaïlande. Ce programme vise à établir un dialogue constructif et à renforcer les liens interreligieux afin de promouvoir la coexistence pacifique et l'harmonie entre les différentes croyances.

[72] En République centrafricaine, l'imam Kobiné Layama, le pasteur Nicolas Guérékoyaméné-Gbangou et l'archevêque Dieudonné Nzapalainga ont uni leurs efforts pour former un groupe interreligieux appelé « Plateforme des Confessions Religieuses pour la Paix ». Ils se sont engagés dans des actions de médiation et de promotion du dialogue interreligieux pour atténuer les tensions et promouvoir la réconciliation entre les

illustrent l'engagement des communautés religieuses dans la promotion de la

sécurité, de la paix et de la coexistence pacifique. En travaillant ensemble, les

leaders religieux peuvent jouer un rôle essentiel dans la prévention des conflits,

la résolution des différends et la construction de sociétés basées sur le respect

mutuel et la diversité religieuse.

communautés religieuses. En Irak, des imams ont lancé des initiatives pour aider à résoudre les conflits et à favoriser la réconciliation entre les différentes factions religieuses. Certains imams ont organisé des séances de méditation et de prière communes pour encourager le pardon, la compréhension mutuelle et la réconciliation entre les communautés.

CONCLUSION

Au Bénin comme dans de nombreux autres pays en Afrique, la religion continue d'occuper une place centrale dans la vie quotidienne des individus. C'est un sujet souvent abordé en famille et l'éducation religieuse est considérée comme une valeur importante à transmettre aux enfants. Les Béninois sont attachés à leur héritage culturel et spirituel, et ils trouvent dans la religion une réponse à leurs préoccupations existentielles et un cadre pour leur vie en société. Cependant, la cohabitation entre les différentes religions n'est pas toujours pacifique et des tensions peuvent apparaître, notamment dans les zones où les communautés sont mixtes. Par ailleurs, l'utilisation de la religion à des fins politiques ou pour justifier des actes terroristes est un phénomène qui inquiète les autorités et la population. Il est donc important que chacun respecte la liberté de religion de l'autre et que la religion ne soit pas utilisée à des fins de division. L'éducation religieuse doit également intégrer la tolérance et le respect des autres croyances. En somme, la religion continue d'occuper une place importante dans la vie des Béninois et de nombreux Africains. Elle est une source de réconfort, de cohésion sociale et de valeurs à transmettre aux générations futures. Mais cette pratique doit être encadrée avec responsabilité et tolérance pour éviter toute forme de discrimination ou de violence.

REFERENCES BIBLIOGRAPHIQUES

1- BOLTZMANN Ludwing, 1909, *Ecrits populaires : Essais sur les atomes, l'énergie et la vie*, Leipzig, Bart, p.13

2- BOURGEOIS Claude, 1993, *Note sur le culte de l'eau en Afrique,* in Bulletin Monumental, p.451

3- BUAKASSA Gérard, 1977, *Impact de la religion africaine sur l'Afrique d'aujourd'hui : latence et patience*, in colloque du Festival mondial des Arts Négro africaine, p.183

4- CAMARA Seydou, 1996, *La tradition orale en question*, cahiers d'études africaines, p.770

5- CHALMERS David John, 1996, *L'esprit conscient : A la recherche d'une théorie fondamentale*, Oxford, presse universitaire d'Oxford, p.8

6- DYOTTE Guy, 1991, *l'éducation à l'ère de la mondialisation, Editions du Trécarré*, p.132

7- FALADY Christiane, 1880, *Pluralité des cultures africaines*, Presse université oxford, p.38

8- GODONOU Abel, 2022, *Détruis la mauvaise fondation familiale*, Édition Flamboyant et communications, p.202

9- GOGORE Daniel, 1997, *Civilisation et Spiritualité en Afrique subsaharienne,* aux Editions du Seuil, Paris, p.232

10-   HAWKING Stephen, 1994, *Une brève histoire du temps : les grandes théories du cosmos : du big bang aux tours noirs,* Flammarion, New York, p.17

11-   HOUGNI Parfait, 2005 *la culture et les paradigmes de l'éducation en Afrique*, présence africaine, p.87

12-   JOUJOU Carel, 1993, *Education et la culture*, Editions Présence Africaine, Paris, pp 33-36.

13-   KIERKEGAARD Søren 1843, *Crainte et tremblement,* Copenhague, p.117

14-   KWAME N'Nkrumah, 1963, *Je parle de liberté : une déclaration d'idéologie africaine*, in famous speeches from Africa leaders, p.143

15-   LA SAINTE BIBLE, 2003, *Second Louis*, édition revue avec références, p.1225

16-   LA BIBLE, 2003, *Parole de vie*, France, Alliance biblique universelle, p.1525

17-   LECAIRE Gerome, 1997*, Les Grandes religions dans le monde : impacts et enjeux,* Paris, Seuil, p.61

18-   LORNE Fred, 1884, *Histoire et religions,* les cahiers d'outre-mer, p.82

19-   MALDAGUE Marvil, 2001, *Problématique de la crise de l'éducation,* Université Laval, p.183

20- MBITI John, 1990, *Religions et philosophies africaines*, Heinemann, p.21

21- MOLTMANN Jürgen, 1988, *la foi des hommes*, les éditions du Cerf, p.419

22- NIETZSCHE Friedrich, 1883, *Ainsi parlait Zarathoustra*, Editions Flammarion, p.245

23- PASQUA Hervé, 2004, *Qu'est que le christianisme*, collection Epiphanie, p.144

24- PEW Richard 2015, *L'avenir des religions du monde : projections de la croissance démographique 2010-2050*, Presse université oxford, p.256

25- RICOEUR Paul, 1983, *Religions spiritualité et culture*, aux Editions du Seuil, Paris, p.476

26- ROUCHE Michel, 2007, *Les origines du christianisme*, paris, hachette, p.72

27- TRIMINGHAM John Spencer, 1990, *l'islam en Afrique de l'ouest*, Presse université oxford, p.12

28- VIDROVITCH Catherine Coquery, 2011, *Petite histoire de l'Afrique*, Cahiers libres, p.86

29- ZAMIR, Ali 2019, *Dérangé que je suis*, le tripode, p.190

I want morebooks!

Buy your books fast and straightforward online - at one of world's fastest growing online book stores! Environmentally sound due to Print-on-Demand technologies.

Buy your books online at
www.morebooks.shop

Achetez vos livres en ligne, vite et bien, sur l'une des librairies en ligne les plus performantes au monde!
En protégeant nos ressources et notre environnement grâce à l'impression à la demande.

La librairie en ligne pour acheter plus vite
www.morebooks.shop

Printed by Books on Demand GmbH, Norderstedt / Germany